De

À

Autres beaux-petits-livres Exley.
Les filles...
Les sœurs...
Les frères...
Pour mon père
Meilleures citations des papas
Pour maman, avec amour

...

© Éditions Exley sa 2001
13, rue de Genval   B - 1301 Bierges - Belgique
Tél.: +32. 2. 654 05 02 - Fax : +32. 2. 652 18 34
e-mail: exley@interweb.be

© Helen Exley 1997
© Illustrations de Juliette Clarke
D 7003/ 2000/ 22 ISBN 2-87388-212-3
Imprimé en Chine
12 11 10 9 8 7 6 5

LES PAPAS ...

UN LIVRE-CADEAU DE HELEN EXLEY

EXLEY
PARIS, LONDRES

Un père est un homme comme les autres qui doit assumer la fonction la plus importante au monde.

Un père est un homme qui a renoncé à sa liberté. Avec bonheur.

Un père est un homme qui fait passer ses enfants avant tout autre chose.

Un père est l'homme qui offre une vie agréable à ses enfants, qui les protège, les guide et demeure à leur côté dans les moments difficiles.

Un père est quelqu'un de trop surmené pour s'apercevoir qu'on l'aime autant et que l'on a tellement besoin de lui.

ANNELOU DUPUIS

...MON PÈRE EST MON HÉROS. Pas juste une statue dans un parc ou un beau visage parfait ou quelqu'un qui porte un nœud papillon et des chaussures vernies noires et qui est toujours en voyage. Je ne résouds jamais un problème ou n'expérimente une joie sans que nous les partagions.

J'ai besoin qu'il connaisse mes blessures tout comme mes bonheurs. J'ai besoin qu'il sache, qu'il m'écoute et en cela je ne suis pas différente des autres filles envers leur père ou même d'un fils, je suppose.

NANCY SINATRA, « *Frank Sinatra: mon père* »

Papa, tu es notre roi. Grand, fort, sage et débordant de bonne humeur. Ne considère jamais ta vie comme une banalité.

ODILE DORMEUIL

Pour un jeune garçon, un père est un géant sur les épaules duquel on voit toujours tout.

PERRRY GARFINKEL

Un père: Quelqu'un vers lequel nous levons les yeux, peu importe notre taille.

ANONYME

Un tout nouveau père est un homme grisé par une joie incrédule.

ANNELOU DUPUIS

Soudain, l'homme le plus banal devient spécial.

HÉLÈNE THOMAS

*Un papa a souvent des projets fous en tête.
Il faut le laisser s'exprimer, sans trop y croire.
Lui aussi a le droit de rêver.*

ANONYME

Je ne pouvais qu'attirer l'attention sur l'importance
de la protection d'un père au cours de l'enfance.

SIGMUND FREUD, (1856-1939)

Chaque jour de ma vie fut un cadeau
venant de lui. Ses genoux ont servi de refuge
à mes emportements. Ses bras ont réconforté
mes chagrins d'adolescente. Sa sagesse et sa
compréhension m'ont soutenue en tant qu'adulte.

NELLIE PIKE RANDALL

Un père est la main qui vous protège.

CAROLINE RAMUZ

ET PUIS IL Y A L'AMOUR

Ce que j'ai appris en élevant mes (quatre) filles - et cela s'applique probablement aussi à nos autres relations humaines - c'est qu'il n'y a pas de réponse type, pas de formule magique, pas de lignes directrices strictes, pas de schéma simple, pas de notice à suivre, pas de formule infaillible pour esquiver les difficultés, pas d'échappatoire aisé. Il y a juste de l'amour.

GEORGE LÉONARD

N'importe quel homme peut devenir père. Mais il faut de l'amour pour devenir un papa.

MARION GARRETTY

Je ne pensais qu'aux parties du corps impliquées dans la paternité. Les parties du corps nécessaires pour concevoir Isaac, pour soulever Isaac, lui lancer une balle ou lutter avec lui. Mais c'est faux, bien sûr.

Le corps ne fait que contribuer à cet amour. J'ai finalement accepté l'idée, après des années pour m'en rendre compte, que si je ne m'étais jamais remis physiquement, cela ne m'aurait pas empêché de devenir le père d'Isaac pour ce qui est essentiel. C'est mon cœur qui doit bien fonctionner. C'est tout ce qui importe.

ART KLEIN, *«Père et fils»*

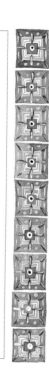

N'interrompez pas un homme qui parle de l'intelligence de vos enfants; il veut vous parler de l'intelligence des siens.

E. W. HOWE

Il doit bien exister un enfant dont le potentiel est moyen, mais vous ne trouverez jamais de parents qui admettent qu'il s'agit du leur... Démarrez un programme pour enfants surdoués, et vous verrez tous les parents demander que leur enfant soit inscrit.

THOMAS BAILEY,
«*Journal de Wall Street*» 17 Décembre 1962

La pire colère d'un père pour son fils est plus tendre que le plus tendre amour d'un fils pour son père.

MONTHERLANT

Un père est un banquier fourni par la nature.

PROVERBE FRANÇAIS

Tu estimeras ton père le jour où tu seras toi-même père.

PROVERBE PERSAN

Un père est quelqu'un qui ne paie pas seulement
pour ses fautes, en général il finit aussi par payer
pour celles de ses enfants.

MIKE KNOWLES

Tout père pourrait enseigner à n'importe quel gourou averti une chose ou deux.

MATHILDE FORESTIER

Bien sûr, ce n'est pas tous les ans que j'ai un cadeau signé Old Spice ou des sous-vêtements. Bien souvent certains de mes enfants se trouvent loin de la maison en ce jour bien particulier, mais ils n'oublient jamais de m'appeler en PCV, permettant ainsi à l'opérateur de se joindre également aux vœux de la Fête des Pères.

BILL COSBY, *«Paternité »*

JE REGARDAIS UN PETIT HOMME, AVEC DES MAINS TRÈS CALLEUSES, TRAVAILLER QUINZE À SEIZE HEURES PAR JOUR. UNE FOIS, JE L'AI MÊME VU LES PIEDS EN SANG... UN HOMME ARRIVÉ ICI SANS INSTRUCTION, SEUL, INCAPABLE DE PARLER NOTRE LANGUE MAIS QUI M'A ENSEIGNÉ, PAR SON EXEMPLE, TOUT CE QUE JE DEVAIS SAVOIR SUR LE RESPECT DE MES ENGAGEMENTS ET LE TRAVAIL PÉNIBLE.

MARIO CUOMO

UN PÈRE C'EST...

... un homme qui laisse tout tomber pour
accourir dès qu'il entend un bruit sourd
ou une plainte.

... ce jeune cadre qui s'endort aux conférences
parce qu'il a bercé, toute la nuit, le bébé
qui faisait ses dents.

... un homme qui ne cesse d'échanger des baisers
avec son enfant que très loin dans l'allée centrale
du supermarché.

... un homme qui a punaisé dans son bureau
des peintures faites avec les doigts.

... l'homme qui vous aide à ranger la pièce juste avant le retour présumé de votre mère.

... l'homme dont les applaudissements exubérants vous embarrassent.

... le bruit de la voiture, celui des pas dans l'allée, du tour de clé dans la serrure - les bras ouverts prêts à vous accueillir.

...l'homme qui feint d'être aux anges lorsque vous lui offrez des chaussettes pour son anniversaire - pour la énième fois!

LISA ROCHAMBEAU-LAPIERRE

Extraordinaire est l'homme qui ne perd pas son cœur d'enfant.

MENCIUS

L'amour que j'ai pour mon père n'a jamais été ému ou menacé par un autre amour. Dans mon for intérieur je considère mon père comme un homme différent des autres hommes, comme un être totalement à part.

MAMIE DICKENS, (1836-1896)
«Mon père tel que je m'en souviens»

Qui, en pyjama et les yeux gonflés de sommeil, me faisait faire le tour de la maison dans ses bras pour apaiser mes pleurs et ainsi finir par m'endormir ?

Qui a inventé des histoires pour les oreillons, la varicelle ou pour une jambe cassée ?

Qui m'a dorlotée quand le vent rugissait, que la pluie tambourinait, que le tonnerre grondait et que les éclairs zébraient le ciel ?

Qui a toujours servi de rempart à mes peurs ?

Mon papa.

ODILE DORMEUIL

Papa doit instantanément tout savoir sur les sièges-auto, le faux-croup, l'origami, les flocons d'avoine, bref toutes ces choses qu'un homme sans enfant n'est pas censé connaître. Il doit être capable d'enfiler une minuscule chaussette extensible sur un petit pied humide, passer un immense lacet effrangé dans un tout petit œillet, et réparer une boucle d'oreille de poupée.

HUGH O'NEILL, «*Un homme appelé papa*»

Les papas ne refusent jamais de vous acheter des bandes dessinées. Ils sont aussi les premiers à les lire.

BENOÎT, 12 ans

Quelle différence y a-t-il entre un docteur et un papa?
Eh bien lorsque le docteur vous donne un conseil, en général vous l'acceptez.

MIKE KNOWLES

Arrive le moment où vous devez admettre que papa ne sait plus faire de l'algèbre.

ANNELOU DUPUIS

Si vous devez citer votre cas à vos enfants faites-le sous forme d'illustration et non d'exemple.

GEORGE BERNARD SHAW, (1856-1950)

EN FAIT, PAS GRAND CHOSE NE CHANGE !

Au moment où un homme réalise que son père avait souvent raison, son propre enfant pense qu'il a souvent tort.

DR. LAURENCE PETER

La société évolue grâce à un certaine forme de parricide. Les enfants, dans l'ensemble, tuent non pas leurs pères, mais les croyances de leurs pères et parviennent ainsi à de nouvelles croyances. C'est cela le progrès.

SIR ISAIAH BERLIN

Les enfants n'ont jamais été très doués pour écouter leurs aînés, mais il n'ont jamais manqué de les imiter.

JAMES BALDWIN, (1924-1987)
«Personne ne connaît mon nom»

Les enfants méprisent leurs parents jusqu'à l'âge de quarante ans, pour devenir subitement comme eux et perpétuer ainsi le système.

QUENTIN CREWE

*Et, ce disant, pleurait comme une vache,
mais tout soudain riait comme un veau, quand
Pantagruel lui venait en mémoire. «Ho ! mon petit
fils, disait-il, mon peton, que tu es joli ! et tant je suis
tenu à Dieu de ce qu'il m'a donné un si beau fils,
tant joyeux, tant riant, tant joli. Ho, ho, ho, ho !
que je suis aise ! buvons. Ho ! laissons toute
mélancolie; apporte du meilleur, rince les verres...*

RABELAIS, (1464-1553)
«*Gargantua*»

*Il ne vient jamais à l'esprit d'un garçon qu'il sera
un jour aussi stupide que son père.*

DR. LAURENCE PETER

J'avais entendu toutes ces choses sur la paternité et combien c'est génial. Mais elle a dépassé toutes mes attentes. Je n'imaginais pas que Quentin s'emparerait de mon cœur comme il l'a fait. Dès l'instant où j'ai posé les yeux sur lui, j'ai su que personne ne pourrait jamais m'en éloigner.

BURT REYNOLDS

Rien de ce que j'ai fait jusqu'ici ne m'a donné plus de joies et de satisfactions que ce rôle de père pour mes enfants.

BILL COSBY

*Je suis père. C'est ce que j'ai toujours
voulu être. C'est quasiment le rôle que je
préfère. C'est l'unique chose qui fasse que
jour après jour je me sente un type bien.
Un véritable homme.*

ART KLEIN, *«Père et fils»*

*De quel cadeau l'homme a-t-il été gratifié
par la providence qui soit aussi précieux
que ses enfants ?*

CICÉRON, (106 - 43 AV. JC)

Un père est un homme dont les jours sont illuminés par le sourire de ses enfants.

ODILE DORMEUIL

Un bébé peut enseigner l'infinie douceur au plus maladroit des hommes.

MARION GARRETTY

Un père court de tous côtés pour fixer les portillons et barrières d'escalier pour bébé, les loquets de sécurité et les chatières. Il veut avant tout préserver ce petit être neuf et vulnérable de tout forme de danger.

CHARLOTTE GRANIER

DEUX PETITES VOIX DANS MON CŒUR

*D*epuis que je suis père, le balancier de ma vie oscille de manière plus large; avant l'arrivée de Josh et Rebecca, je chuchotais rarement et je criais rarement. À présent, je fais les deux tout le temps. Avant Josh et Rebecca, j'arpentais simplement le monde comme un homme. Désormais je traîne, m'accroupis, bouscule, saute sur un pied et circule souvent à quatre pattes. Avant Josh et Rebecca, j'ignorais tout des toboggans aquatiques.

Désormais je détiens plusieurs records américains dans la catégorie des plus de trente cinq ans. Avant Josh et Rebecca, je n'entendais que le son de ma voix. Désormais j'entends l'essentiel car je suis habité par deux petites voix dans mon cœur. Avant Josh et Rebecca le monde était ordinaire. Désormais il est fantaisiste, plein de promesses et de prodiges, de bandes dessinées et d'élevages de fourmis, de solennité et de respect mêlé de crainte.

HUGH O'NEILL, «*Un homme appelé papa*»

PETITS MONSTRES ! MINI DICTATEURS!

Le pouce d'un enfant est minuscule,
mais à celui de son père,
il peut s'agripper fermement.

MAYA VON PATEL

*Papa a des conversations longues et
sérieuses avec sa petite fille. Il lui dit qu'elle
est bruyante, désobéissante et manipulatrice
et qu'il la chassera si elle ne fait pas
d'effort.
Et le bébé sourit avec arrogance.
Elle lui fait faire exactement ce qu'elle veut.*

ANNELOU DUPUIS

*Les parents ne se soucient pas vraiment d'équité
mais de tranquillité.*

BILL COSBY

*Les pères ne devraient être ni vus ni entendus.
C'est le principe même de la vie de famille.*

OSCAR WILDE, (1856 - 1900)

Transformé à vie

Devenir père change tout. Je dis bien tout; votre façon de parler, de travailler, dormir, conduire, manger, vous habiller, penser. Même ce que vous chantez. La paternité change votre posture, votre vie sexuelle, votre coupe de cheveu, votre vision de l'argent, de la politique, de Dieu, de votre passé et du devenir de la planète. Les enfants changent le sol où nous mettons les pas.

HUGH O'NEILL, *« Un homme appelé papa »*

*J*e voulais être avec mes enfants tel que mon père avait été avec moi.

Je les observais, je mesurais leurs différences: Nicole, sûre d'elle, Suzanne, sensible, Charles, vigoureux, Richard dont je devinais déjà la gaieté.

Mais ce n'est pas facile d'être père. Alors quand il me fallait décider entre deux routes, la sévérité ou l'indulgence, la prudence ou le risque, je me disais, pensant à mon père: « Qu'aurait-il fait ? »

MARTIN GRAY, « *Le livre de ma vie* »

Nous étions là. Formant plutôt un drôle de couple. Mutuellement intimidés mais aussi susceptibles de lire dans nos pensées intimes. Une intimité reposant davantage sur l'évocation des sentiments que nous avions l'un pour l'autre que sur les mots prononcés. Oubliant finalement qui était le père, qui était le fils. Conduisant à tour de rôle la voiture de papa parce qu'elle était plus confortable pour lui que mon camion. Cela ne me dérangeait en rien que papa soit au volant lorsque j'avais besoin de m'étirer sur le siège arrière pour détendre mes muscles. Nous étions ouvertement heureux de partager ces instants comme le sont les garçons avec leur meilleur copain.

ART KLEIN, *«Père et fils»*

Je suppose que le plus important dans mon éducation [était] le sentiment de sécurité et de confiance que mon père a transmis à tous ses enfants, et même si je disais quelque chose de farfelu, il lui accordait autant d'importance que si cela avait été la plus merveilleuse des idées.

BENAZIR BHUTTO

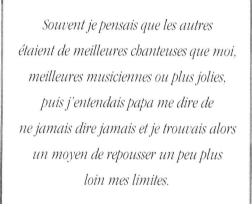

Souvent je pensais que les autres
étaient de meilleures chanteuses que moi,
meilleures musiciennes ou plus jolies,
puis j'entendais papa me dire de
ne jamais dire jamais et je trouvais alors
un moyen de repousser un peu plus
loin mes limites.

BARBARA MANDRELL

La vie ne fournit pas de mode d'emploi
- c'est pourquoi les pères existent.

JACQUES LEBRUN

Je parle et continue de le faire, mais en cinquante
ans je n'ai pas réussi à enseigner aux gens ce que
mon père m'a par exemple appris en une semaine.

MARIO CUOMO

Un jeune homme connaît les règles, mais
un vieil homme connaît les exceptions.

OLIVER HOLMES, (1809-1894)

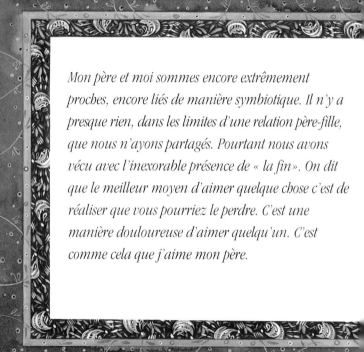

Mon père et moi sommes encore extrêmement proches, encore liés de manière symbiotique. Il n'y a presque rien, dans les limites d'une relation père-fille, que nous n'ayons partagés. Pourtant nous avons vécu avec l'inexorable présence de « la fin ». On dit que le meilleur moyen d'aimer quelque chose c'est de réaliser que vous pourriez le perdre. C'est une manière douloureuse d'aimer quelqu'un. C'est comme cela que j'aime mon père.

Quand il partira, quand ce sera fini, Je n'aurai pas à regarder ses films ou écouter ses disques pour me souvenir, son sang coulera dans mes veines, la musique de sa vie dans mon cœur et je verrai briller son âme immortelle dans les yeux de mes enfants.

NANCY SINATRA,
«Frank Sinatra: mon père»

C'est merveilleux de sentir votre père se transformer pour vous non pas en dieu mais en homme, lorsqu'il quitte les hautes sphères et que vous découvrez un homme avec ses faiblesses. Alors vous l'aimez comme un être à part entière et non comme une figure de proue.

ROBIN WILLIAMS

Vous le vénérez comme un héros,
puis le méprisez comme un homme.
En définitive vous l'aimez comme un être humain.

ANNELOU DUPUIS

SOUVENIRS

Il inventait des chansons drôles et des chansonnettes,
ainsi que des histoires sur ce qu'on voyait lors
de nos trajets en voiture. Une maison banale devenait le
repaire abritant la brosse à dent d'un géant; une autre
était réquisitionnée, dans son imagination,
pour servir d'entrepôt à ses livres.
C'était aussi un brillant imitateur. Il pouvait être gentil.
Lorsqu'à onze ans, je lui fis un chapeau au tricot, qui
ressemblait à un couvre-théière raté, il le mit dans
le train qui le ramenait à Londres.

CRESSIDA CONNOLLY,
Extrait du «*Daily Mail*» du 25 Mars 1995

Petite fille, je me souviens de ses mains me tenant alors que j'apprenais à nager; des mains douces mais fermes qui me protégeaient. Je me souviens de ses mêmes mains me maintenant en équilibre, puis me laissant partir à vélo, hésitante, sur mes deux roues. Je me souviens des repas pris avec lui dans les drive-ins, du tableau le représentant de dos, des jeux de base-ball où il m'enseignait quelques règles. Je me souviens comment il m'a récemment serrée dans ses bras quand je lui ai dit *combien* je l'aimais. Je pouvais sentir contre ma joue les trémolos d'émotion dans sa poitrine.

« Oh, dit-il, je remuerai ciel et terre pour toi ! »

NANCY SINATRA,
«Frank Sinatra, mon père»

Une histoire d'amour peut échouer, l'amitié aussi, mais la relation entre parent et enfant, moins tapageuse que toutes les autres, demeure inaltérable et indestructible, le lien le plus solide sur terre.

THEODORE REIK

Je me souviens m'être assoupie quelque part au creux de tes bras, t'écoutant raconter une histoire - la voix, le conte et la lueur du feu ne formant progressivement plus qu'un. C'est si loin. C'était il y a si longtemps. Mais à jamais gravé dans mon esprit et dans mon cœur.

ODILE DORMEUIL

Un père comme les autres

*Après tout, le monde repose sur le travail banal de gens
ordinaires et au premier plan dans ces rangs,
nous trouvons un père comme les autres.
En fait il est si banal que peu d'entre nous, si tant est
qu'il y en ait, faisons attention à lui ou remarquons ses
allées et venues. Même lui n'accorde guère d'importance
à la place qu'il occupe dans le monde.
Mais posez-vous la question suivante: le monde pourrait-il
progresser sans cet homme ? La société pourrait-elle exister
sans ses efforts constants ?
Non! Il incombe aux pères de la terre d'endosser cette part
de travail que nul autre ne saurait aussi bien assumer.*

Leur savoir-faire transforme la trame de la société en habit d'or et ils embellissent les maisons à la manière des pierres précieuses. Ils prévoient et œuvrent, réussissent ou échouent selon l'appréciation du monde en la matière. Ils donnent leur force et leur endurance, leur énergie et leur ambition, leurs rêves de bonheur et les leçons héritées de l'expérience et nous prenons tout cela comme de vulgaires offrandes, ne sachant pas les apprécier à leur juste valeur.
Dans cette course effrénée de la vie, rendons à cet homme, à ce père comme les autres, amour, respect et justice.

MINNIE KEITH BAILEY,
« Cher vieux père »

J'ai trouvé naturel toutes ses marques de bonté. Je savais seulement que je l'aimais plus que tout et que les jours passés avec lui étaient précieux. Combien de fois, devenu adulte, ai-je souhaité, alors que mon père se tenait derrière ma chaise, qu'il passe sa main dans mes cheveux comme il avait coutume de le faire lorsque j'étais enfant.

FRANCIS DARWIN,
(1848-1925)
«Vie et lettres de Charles Darwin»

Remerciements: MINNIE KEITH BAILEY: «*Un père comme les autres*» tiré de «*Cher vieux père*», The Goldsmith-Woolard Publishing Co, Wichita. 1910. MARTIN GRAY: «*Le livre de ma vie*», © Éditions Robert Laffont, 1973. ART KLEIN: «*Père et fils*», © Art Klein 1996. Réimprimé avec la permission de l'auteur. H. GH O'NEILL: «*Un homme appelé papa*», © Hugh O'Neill 1996. Réimprimé avec la permission de Rutledge Hill Press, Nashville. NANCY SINATRA: «*Frank Sinatra: mon père*», © Nancy Sinatra 1985. Réimprimé avec la permission de l'auteur.

Illustrations: Superstock (SS), Archiv für Kunst (AKG), The Bridgeman Art Library (BAL) Bibliothèque d'Art Bridgeman, The Image Bank (TIB) Banque de l'image, Statens Konstmuseer (SKM), Artworks (AW), Edimedia (EDM). Couverture: Shakito, *En direction du rivage, 1957,* Antiquan private Collection, (SS); page de titre: Willi Balendat, *Spectateurs de champ de foire,* AKG; page 7: willis,*Travailleurs*; page 11: © 1997 Frederick William Elwell,*Le premier enfant*; page 12: Charles James, *Elle ne veut*